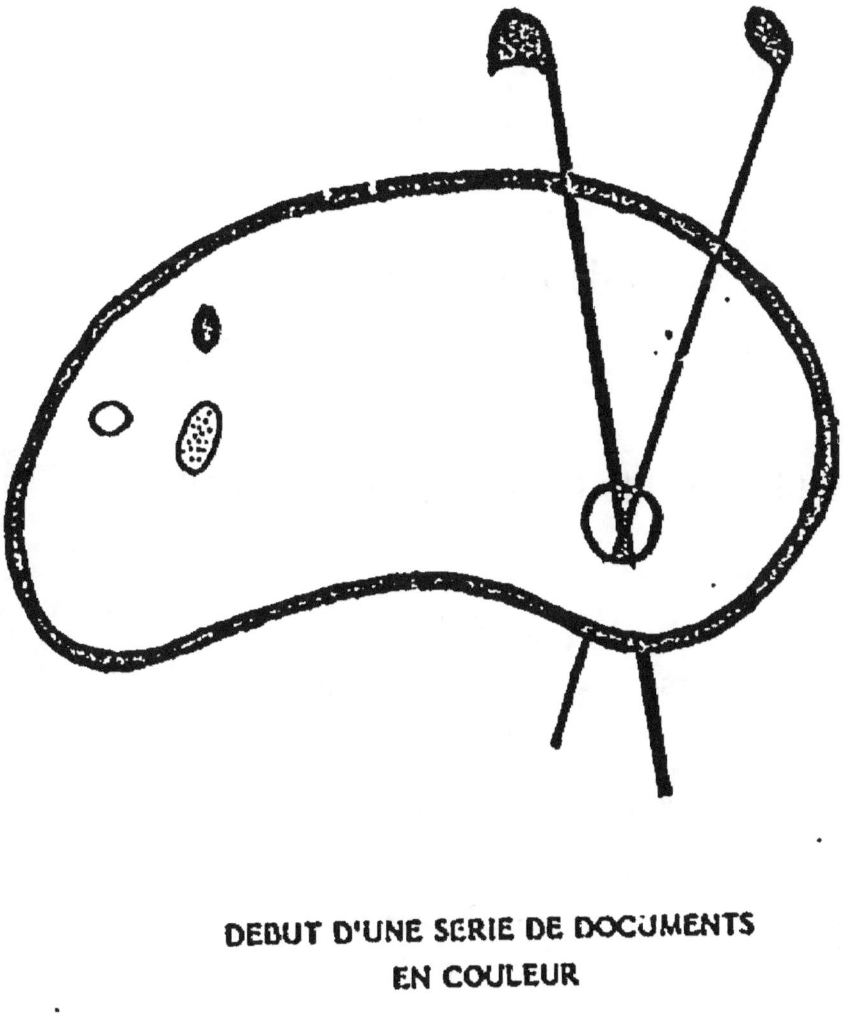

DEBUT D'UNE SERIE DE DOCUMENTS
EN COULEUR

IMPRESSION

DES

ARCHIVES DE LA VILLE DE BORDEAUX.

LETTRE

ADRESSÉE A M. ADRIEN SOURGET

ADJOINT AU MAIRE DE BORDEAUX

PAR LE Cᵗᵉ ALEXIS DE CHASTEIGNER

—

Bordeaux. — 1864.

Bordeaux, Imp. G. Gounouilhou, rue Guiraude, 11.

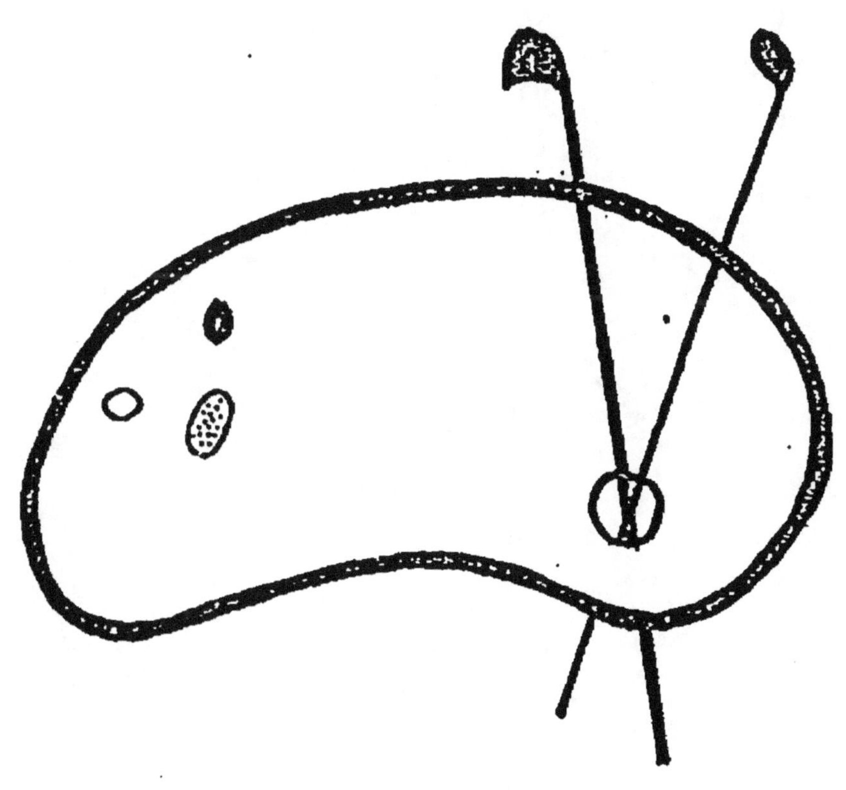

FIN D'UNE SERIE DE DOCUMENTS
EN COULEUR

IMPRESSION

DES

ARCHIVES DE LA VILLE DE BORDEAUX.

LETTRE

ADRESSÉE A M. ADRIEN SOURGET

ADJOINT AU MAIRE DE BORDEAUX.

Monsieur,

Vous avez bien voulu me demander de résumer, dans une lettre, les quelques idées que j'avais l'honneur de vous soumettre dans une récente conversation. Je m'empresse de me rendre à votre bienveillante invitation.

Si la bonne ville de Bordeaux ne jouit plus, comme autrefois, de tous ces *droits, coustumes, franchises et priviléges* dont ses habitants étaient justement si fiers, et qui leur étaient si avantageux, il lui est du moins resté une grande chose : c'est l'amour de ses enfants, qui, au dehors, s'exprimait pour eux par le proverbe gascon : *N'y a qu'un Bourdeou.*

Dans notre population, à l'esprit si alerte, si facile, si prompt à toute chose, ce sentiment peut quelquefois paraître sommeiller; mais c'est pour se réveiller, au premier événement, toujours aussi vif, toujours aussi entier.

Nous en avons tous eu la preuve, Monsieur, lors du désastre qui, dans la nuit du 13 juin 1862, est venu frapper notre Mairie, et détruire une partie de nos collections et de nos archives municipales.

Vous avez vu, comme nous, le courage, le zèle, l'entrain, je pourrais dire l'amour avec lequel chacun cherchait à sauver du feu les tableaux, les collections, les débris des archives. On sentait que c'était une chose à tous dont chacun avait sa part, et qu'il voulait préserver comme la sienne propre. Ce que vous avez vu aussi, Monsieur, c'est le regret, la douleur exprimés par chacun après l'événement, en voyant nos archives détruites en grande partie, et le triste état dans lequel leurs débris étaient entassés dans l'orangerie du jardin.

C'est que, pour une ville, ses archives municipales sont ses *papiers de famille*, et que chacun pensait à la perte de ces preuves écrites de l'histoire de la *Communauté*, de cette grande famille, de ce passé, quelquefois bien triste, souvent bien glorieux, où l'initiative de nos jurats, se mêlant à l'action de l'État, a fait notre Bordeaux ce qu'il est aujourd'hui.

Combien d'hommes, alors, ont exprimé le regret qu'une grande quantité des documents conservés aux archives, de ces *papiers de famille*, comme je les nommais tout à l'heure, n'ait pu être publiée avant l'incendie, et par conséquent sauvée du désastre, se trouvant ainsi déposée en divers lieux ! Et ce n'était pas seulement les administrateurs, les hommes d'étude qui manifestaient ce regret; c'était des hommes dans toutes les positions. En exprimant encore aujourd'hui cette pensée, je crois n'être qu'un écho de la population tout entière de Bordeaux.

Quelques hommes d'étude, amis de leur pays, ont fondé à Bordeaux, sous le nom de *Société des Archives historiques du département de la Gironde*, une association pour publier un recueil de documents inédits pouvant servir à l'histoire de la province et surtout du département, préparant ainsi, pour notre pays, un recueil précieux à consulter pour l'histoire, dans le genre de celui connu sous le nom de : *Documents inédits pour servir à l'histoire de France*.

Cette pensée a été comprise, et la souscription des membres associés s'est augmentée des allocations annuelles votées, en sa faveur, par le Conseil général de la Gironde, par le Conseil municipal de la ville de Bordeaux, et par une subvention du Ministre de l'Instruction publique. Aussi, bien qu'elle n'ait encore que peu d'années d'existence, grâce au zèle de ses membres et surtout de son directeur, M. Jules Delpit, elle a déjà publié plusieurs volumes in-4° compactes, remplis de documents importants ou curieux, et fort appréciés dans le monde savant.

La société avait déjà puisé dans les archives municipales, et si l'incendie du 13 juin n'était arrivé que dans quelques années, les documents les plus importants eussent été sauvés de l'oubli.

Je crois que ce qui était possible alors l'est encore, relativement, aujourd'hui. L'exemple donné par ce malheureux événement doit faire désirer à tous les Bordelais que, par une grande publication bien faite, nos archives soient indéfiniment conservées et mises à l'abri d'un nouveau malheur, qui serait peut-être encore plus complet. Je crois, de plus, que le moment serait parfaitement opportun et on ne peut mieux choisi pour entreprendre et commencer cette publication. Permettez-moi donc, Monsieur, d'appeler tout particulièrement votre sollicitude sur ce côté pratique de la question.

S'il est malheureusement vrai que beaucoup de documents ont été complétement brûlés; que d'autres, en plus grand nombre encore, ont été dégradés en partie, souillés par le feu, par l'eau des pompes, et par leur chute au milieu des débris carbonisés parmi lesquels on les a ramassés, il est cependant, aujourd'hui, certain que le total des pertes complètes est moins grand qu'on ne l'avait craint au premier moment. Ce qui nous reste, réuni par les soins du savant archiviste de la ville, M. Detcheverry, membre de la Société des Archives, a encore une importance très réelle, qui justifierait largement l'entreprise de cette publication.

Sans être d'une longueur extrême, ce travail ne peut être l'œuvre ni d'un seul homme, ni d'une seule année, tant au point de vue économique qu'à celui des soins qu'il demande; et il est des circonstances exceptionnellement favorables que la Ville, ce me semble, ne devrait pas laisser échapper.

Ainsi, nul ne peut mieux guider dans la recherche des documents à publier que M. Detcheverry, qui avait passé vingt-cinq ans et plus à mettre en ordre nos archives, partout citées comme un modèle de classement. Dans ces conditions, il peut rendre des services que ne pourrait rendre de longtemps l'homme qui le remplacera quelque jour, qui aura d'abord lui-même à faire connaissance avec ces documents, et sera plus ou moins d'années à en apprécier toutes les richesses.

Après deux déménagements successifs, les documents, aujourd'hui entassés pêle-mêle dans l'hôtel Fieffé, vont être classés de nouveau. Avec son savoir et cette intelligente patience de bénédictin qui le caractérise, M. Detcheverry va reprendre un à un tous ces débris, pour lui d'anciennes connaissances, et recommencer ce travail auquel il avait déjà consacré une grande partie de son existence. Si la publication des archives était décidée, ce classement pourrait être conduit dans un certain ordre et en vue de faciliter ce travail.

Enfin, circonstance bien rare dans une ville de province, mais bien favorable à notre projet, la publication de la Société des Archives historiques du département de la Gironde a réuni ou formé un nombre, qui augmente tous les jours, d'hommes habitués à ce genre de publication qui pourraient être fort utiles à l'Administration, soit qu'elle les appelât à former une Commission spéciale, soit qu'elle demandât à la Société des Archives elle-même à s'en charger. Je n'ai nulle mission d'engager ici soit isolément, soit comme Société, mes amis ou mes collègues de la Société des Archives; mais je crois être trop l'interprète de nos concitoyens dans la pensée que j'exprime, pour ne pouvoir assurer et garantir, en quelque sorte, leur concours dévoué à une œuvre de ce genre.

J'ai déjà dit qu'une pareille entreprise ne pouvait être celle ni d'un seul homme, ni d'une seule année. Je crois qu'il serait bon :

1° D'en charger soit une Commission spéciale, soit la Société des Archives historiques;

2° De voter pour cela des sommes annuelles qui n'auraient pas besoin d'être très fortes, surtout au commencement;

3° Enfin, dès le début, d'adopter une méthode bien arrêtée pour la publication de cette œuvre *bordelaise* par excellence.

Avec les conditions de sa publication actuelle, avec les engagements pris par son titre lui-même, la Société des Archives historiques du département de la Gironde ne peut consacrer le volume qu'elle publie annuellement, avec l'aide des souscriptions particulières, des allocations du Conseil général, de la Mairie et du Ministère, à ne publier pendant des années que les archives de la ville de Bordeaux. Elle doit avant tout rester ce qu'elle est : une œuvre *départementale,* je devrais dire *provinciale;* mais elle pourrait, je le crois, si elle en était chargée, publier à côté de son œuvre ordinaire, de la même manière et dans un format analogue, les *Archives de la ville de Bordeaux,* au moyen d'une allocation toute spéciale, et en dehors de celle que lui accorde déjà notre ville. Le précédent existe, il fonctionne bien, il peut être suivi et développé.

Une Commission spéciale pourrait également être bonne; elle aurait à aviser aux moyens à employer.

Au point de vue financier, je disais que les sommes, surtout au début, n'avaient pas besoin d'être considérables. Pour bien faire en cela, on ne peut aller très vite; de plus, le désordre est encore dans ces archives, et la publication ne peut se développer qu'à mesure que le classement se complétera.

Il m'est difficile de vous proposer un chiffre de budget; mais en voyant ce que fait la Société avec des ressources restreintes, je crois que quelques milliers de francs, quatre ou cinq mille peut-être, pendant quelques années, seraient suffisants; mais il faudrait attacher aux archives un ou plusieurs copistes affectés spécialement à cette publication.

Quant à la méthode à suivre, je voudrais qu'au lieu d'imprimer au hasard des pièces de diverses époques, on publiât successivement des corps de collection, comme, par exemple et d'abord, le *Livre des Bouillons* en entier, avec même ce qui en a déjà été extrait (il a été complètement sauvé), et pendant la publication le classement du reste avancerait. — Puis ce qui reste de la collection des registres de la Jurade, dont le premier est relatif aux années 1406-1408; puis ce qu'on a pu sauver des lettres des rois ou des grands personnages, etc., etc. La Société ou la Commission spéciale ayant à choisir l'ordre de ces publications, à diriger les copies, à collationner, à corriger les épreuves, à faire dresser les tables chronologiques ou méthodiques, etc., marcherait à mesure que le classement lui-même avancerait.

Voilà, Monsieur, le projet dans son ensemble. Il serait superflu de m'étendre, dans cette lettre déjà si longue, sur les détails qui, du reste, ne sont pas ici de ma compétence. Si l'idée pouvait être admise en principe par l'Administration et par le Conseil municipal, les moyens pratiques seraient bientôt trouvés. Sans doute, cette publication ne saurait être une spéculation avantageuse; mais les dépenses, se réglant par annuités, ne pourraient être non plus une cause de gêne. On peut dire aussi de Bordeaux qu'il *est assez riche pour payer sa gloire,* et j'ai le sentiment qu'en tous cas cette dépense, éminemment patriotique, bordelaise, rencontrerait bien peu d'opposition.

Le seul moyen d'atténuer le pénible souvenir laissé dans notre population par cette nuit du 13 juin 1862, c'est d'user de la large publicité que permet l'imprimerie pour conserver à jamais ce qui nous reste des archives municipales.

L'administration qui attacherait son nom à cette noble entreprise ferait plus, pour transmettre son souvenir à nos neveux, que si elle construisait un édifice public ou bien ouvrait une voie nouvelle, qui ne pourraient être admirés que par des touristes ou des Bordelais, tandis que ce magnifique monument, élevé par elle au passé de la Cité, ira pour toujours témoigner dans toutes les bibliothèques de France de son goût éclairé, de son intelligente application des études scientifiques, de son respect pour ceux qui l'ont précédé dans la voie qu'elle suit, et surtout de son amour pour son pays.

En terminant, Monsieur, permettez-moi quelques réflexions qui se rattachent parfaitement au projet que je viens d'examiner.

Bordeaux, jusqu'ici, avait agi à l'inverse des familles ordinaires, qui tiennent d'autant plus à leurs titres, qu'ils sont plus anciens. Le département fait en ce moment élever un palais pour loger les archives départementales; celles de la ville de Bordeaux l'avaient été et le seront encore quelques jours sûrement et d'une manière convenable; mais à côté de ces archives de papier et de parchemin, il en est d'autres plus anciennes, mais plus embarrassantes, plus difficiles à loger, car elles sont de pierre, et qu'on avait jusqu'à ce jour complètement négligées.

Je veux parler de notre magnifique collection d'inscriptions qui forme ce qu'on nomme ici, presque avec dédain, le *Musée des antiques*. Avec le Musée de Lyon, elle est une des plus nombreuses de France, et si elle est à peine connue des Bordelais, elle est fort appréciée des étrangers.

M. le professeur d'histoire Barry, de la faculté de Toulouse, venu tout exprès pour l'étudier en détail, me disait entre autres que ce qui le frappait surtout, c'était le caractère spécial de sa composition.

Au lieu des formes communes aux inscriptions latines ordinaires, on y trouve un type tout particulier à l'Aquitaine, avec la prédominance des noms essentiellement gaulois, qui en font une collection unique en Europe.

Eh bien ! vous savez dans quelles conditions elle se trouve : sans air, presque sans lumière; il faut savoir qu'elle existe pour la visiter.

Nous devons, et c'est justice, témoigner notre gratitude à

la nouvelle administration d'avoir compris enfin l'importance historique de ces monuments, qui sont en réalité *la plus ancienne portion de nos Archives municipales.*

Dans le rapport qu'il présentait au Conseil municipal, dans sa séance du 4 mai 1864, l'honorable M. Henry Brochon, maire de Bordeaux, s'exprimait ainsi : « Je n'oublie pas ce » que nous devons à la construction de notre Musée » lapidaire ou des antiques; mais dans notre pensée, sa » place est ailleurs. Elle se retrouvera dans un projet qui » vous sera ultérieurement soumis. »

Nous savons ce que nous pouvons attendre du patriotisme et de l'intelligente activité de M. le maire de Bordeaux; permettez-moi donc d'exprimer le désir, l'espoir que ce projet soit mis le plus promptement possible à exécution, et qu'enfin une place suffisante et convenable soit réservée à ces archives de pierre, où elles puissent être à l'abri des injures du temps et d'un accès facile pour l'étude.

Une administration qui entreprendrait en même temps la publication des archives municipales, et qui logerait convenablement les archives lapidaires, aurait acquis des titres incontestables à la reconnaissance de ses concitoyens; elle prouverait à tous qu'en sachant marcher vers l'avenir, en suivant cette voie de modifications, de progrès, qui est un besoin de notre époque, elle n'oublie pas que tout se lie dans l'existence d'une cité, comme dans celle d'un individu, et qu'elle sait respecter et comprendre le passé qui lui a préparé ce qu'elle peut faire aujourd'hui.

Agréez, etc.

Comte ALEXIS DE CHASTEIGNER,
de l'Institut des provinces.

Bordeaux, le 6 mai 1864.

Bordeaux. Imp. G. Gounouilhou, rue Guiraude, 11.

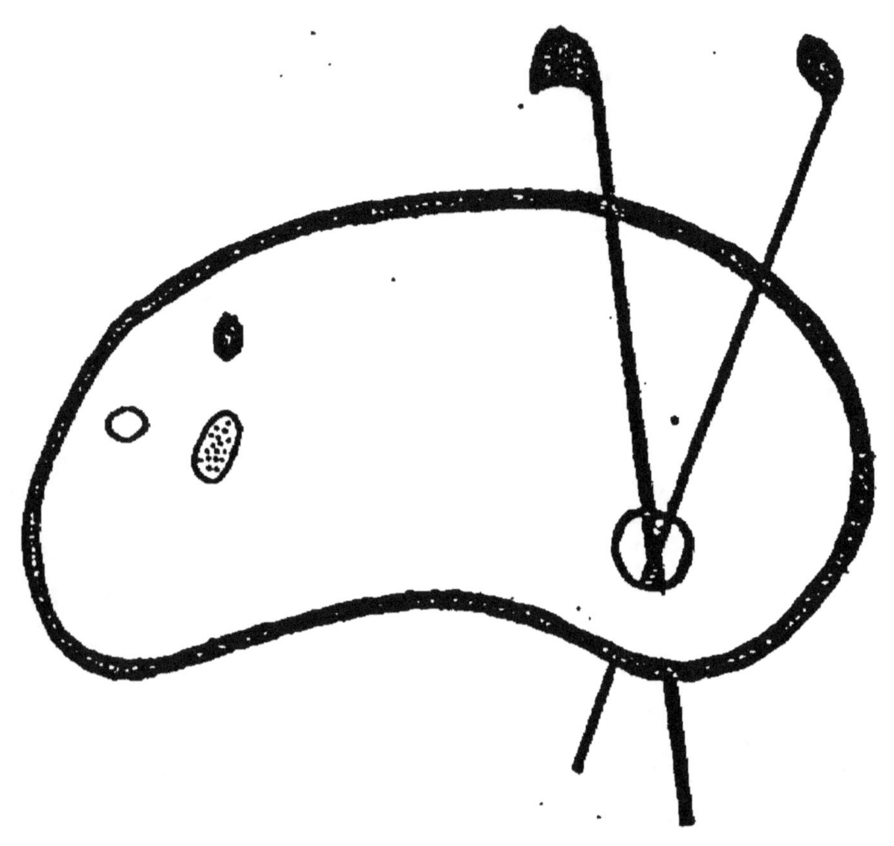